Andreas Greve, 1953 geboren; Kunstpädagogik-
Studium und Zimmermannslehre; erhielt 1988/89
das einjährige Arbeitsstipendium des Landes
Schleswig-Holstein für das Künstlerhaus in
Lauenburg/Elbe. Lebt als freier Autor und
Illustrator in Hamburg und Svendborg/
Dänemark. Veröffentlichungen:
»Keine Fahrkarte für den Bären«
(Bilderbuch/1989);
»Übrigens, ich heiße Kläcks«
(Bilderbuch/1990).

Andreas Greve

Vier Fässer für den Flur

Drei Bildgeschichten

Rowohlt

rororo rotfuchs
Herausgegeben von Renate Boldt und Gisela Krahl
Originalausgabe
Veröffentlicht im Rowohlt Taschenbuch Verlag GmbH,
Reinbek bei Hamburg, November 1990
Copyright © 1990 by Rowohlt Taschenbuch Verlag GmbH,
Reinbek bei Hamburg
Umschlagillustration Andreas Greve
rotfuchs-comic Jan P. Schniebel
Alle Rechte vorbehalten
Gesetzt aus der Stempel Garamond, Jung SatzCentrum, Lahnau
PM 3,5, Linotronic 300
Druck und Bindung Clausen & Bosse, Leck
Printed in Germany
880-ISBN 3 499 20 586 6

Vier Fässer für den Flur

Er lädt die Fässer
auf seinen Laster;
drei mit dem Gabelstapler,
eins mit der Hand.
Ruck-zuck geht das.
Vier Fässer für den Flur: Zwei-Sekunden-Sache …

… wenn nichts dazwischen kommt.
Gleich die erste Kurve nimmt er zu schnell.

Es rumpelt, es pumpelt ...

... die Fässer hüpfen vom Wagen
und rollen unters Regal.

Ho! Was ist das? Da liegt ja Affi.
Der hat alles gesehen von da unten.
»Laß mich lieber fahren«, sagt Affi.

Und schon sitzt Affi
hinterm Steuer.

»Mensch, Affi, du Affe! Doch nicht
den Rückwärtsgang!« ruft Niklas.
Zu spät!

»Keiner fährt wie ich!« ruft Affi
und rast im Rückwärtsgang davon.

Es rumpelt, es pumpelt,
es scheppert und quietscht.

Die Fässer hüpfen vom Wagen
und kullern unter die Kommode.

Ho! Was ist das? Da liegt ja eine Garnrolle und ein Menschärgerlichmännchen.

»Na, bitte«, sagt Affi, »die nehmen wir mit!«

Und schon sitzt Affi wieder hinterm Steuer
»Keiner fährt wie ich!« ruft er und rast davon.

»Mensch Affi, du Affe! Die Teppichkante!«
ruft Niklas.
Zu spät!

Es rumpelt, es pumpelt, der Wagen ächzt, es faucht und staubt.

Der Laster legt sich auf die Seite,
die Fässer verschwinden unterm Sofa.

Ho! Was ist das?
Da liegt ja ein Groschen.

»Na bitte«, sagt Affi,
»den darfst du behalten.«

»Trotzdem«, sagt Niklas zu Affi, »es ist wohl besser, wenn ich den Lastwagen fahre!«

Glücklicherweise läßt sich der Laster
mit dem Gabelstapler aufrichten ...

... und mit der Planierraupe freischleppen.

Den Rest der Strecke fährt Niklas alleine.

Eins, zwei, drei
ist er mit den vier Fässern im Flur.

»Ho, was ist das?« fragt der Vater.
»Die vier Fässer für den Flur«, sagt Niklas.

»Habe ich nicht bestellt!«
sagt der Vater. »Im Gegenteil:
ich habe hier gerade aufgeräumt;
also zurück, wo sie herkommen.«
»Für die Hinfahrt habe ich einen
Groschen bekommen«, sagt Niklas.
»So, so«, sagt der Vater
und hat schon verstanden,
»hier ist noch ein Groschen:
fürs Zurückfahren.«
Niklas freut sich und fährt zurück.

Ein Marienkäfer macht was er will

Ein Pappkarton ist ein Pappkarton

– bis man damit spielt.

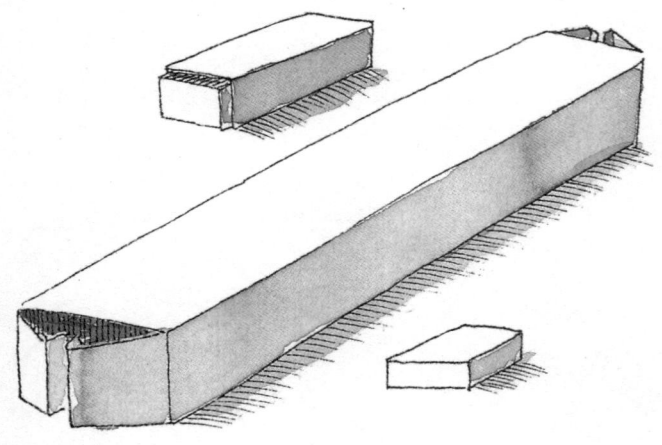

Eine Schachtel ist eine Schachtel

– bis man damit spielt.

Ein Marienkäfer ist ein Marienkäfer

– der macht, was er will.

Niklas sitzt und spielt.

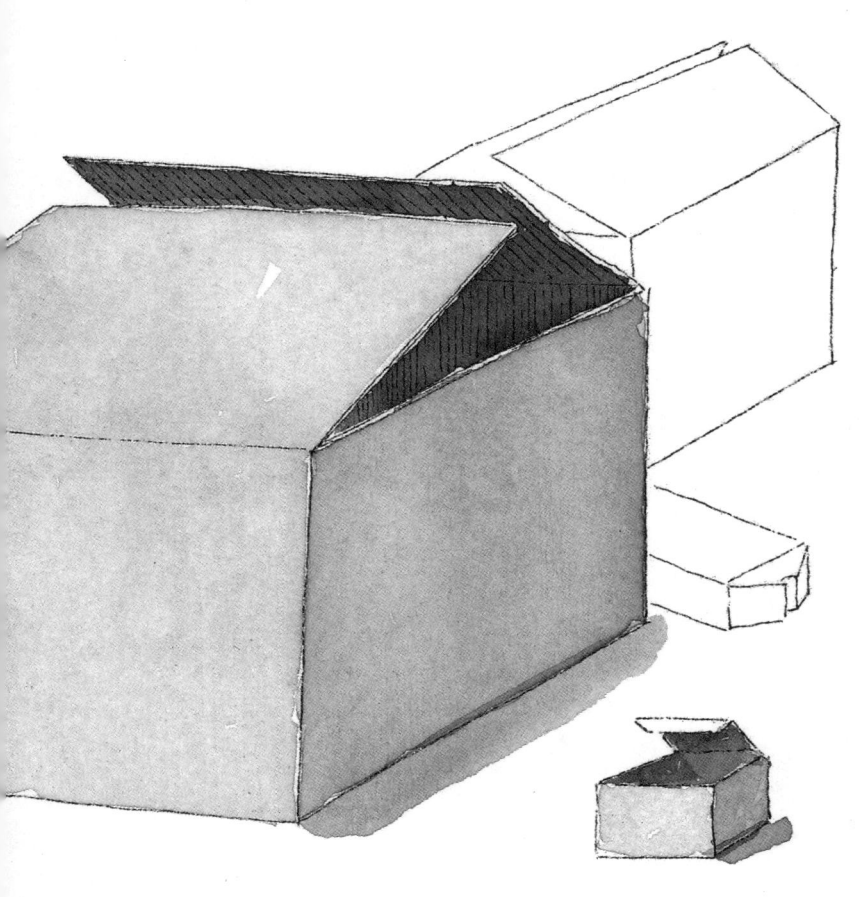

Da kommt ein Marienkäfer vorbei.

Große Häuser baut Niklas und einen Kanal.
Da kommt ein Schiff gefahren.
»Prima«, denkt Niklas,

»da kann der Marienkäfer mit.«
Aber wo ist der Marienkäfer? Niklas sucht. –
Ach, da!

Der Marienkäfer krabbelt aufs Schiff.

Zu einem Kanal gehört eine Brücke.

Niklas baut.

»So«, sagt Niklas, »jetzt kann man von hier nach da kommen.«
Aber wo ist der Marienkäfer?
Niklas sucht.

»Marienkäfer!« ruft er.

Ach, da ist der Marienkäfer!

Er setzt den Marienkäfer auf die Brücke.

Da ist auch schon ein Flugzeug.

»So«, denkt Niklas, »der Marienkäfer
soll mitfliegen.«
Aber wo ist der Marienkäfer?

Niklas sucht. Niklas ruft.
Aber der Marienkäfer ist nicht zu finden.

Nicht auf der Wippe. Nicht auf der Brücke.
Und auch nicht hinterm Haus.

Der Marienkäfer ist allein
zum Flugplatz gelaufen.
Ohne Niklas zu fragen, hat er sich
selber die Starterlaubnis gegeben.
Eins, zwei, drei und ab in die Luft.

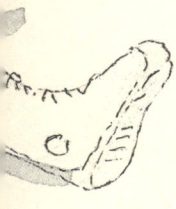

Niklas steht auf und schaut ihm nach.
»Eigentlich«, denkt Niklas,
»eigentlich braucht ein Marienkäfer
auch kein Flugzeug.«

Drei Kissen zum Kuscheln

So gut wie jeder hat mal schlechte Tage.
Auch Niklas.
Da weiß er nicht, was er will;
darf er nicht, was er kann;

und keiner will ihm eine Geschichte vorlesen.

Da mag er nicht lachen, da mag er nicht weinen,

und alles ist so öde.

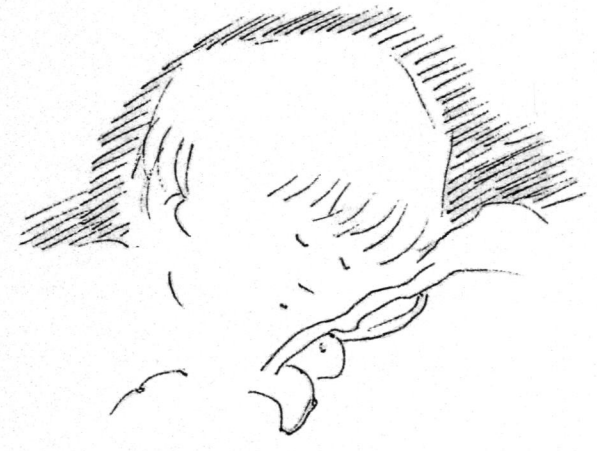

Da sehnt er sich nach etwas Weichem

– einem Kissen vielleicht? –

und sucht sich ein Versteck.

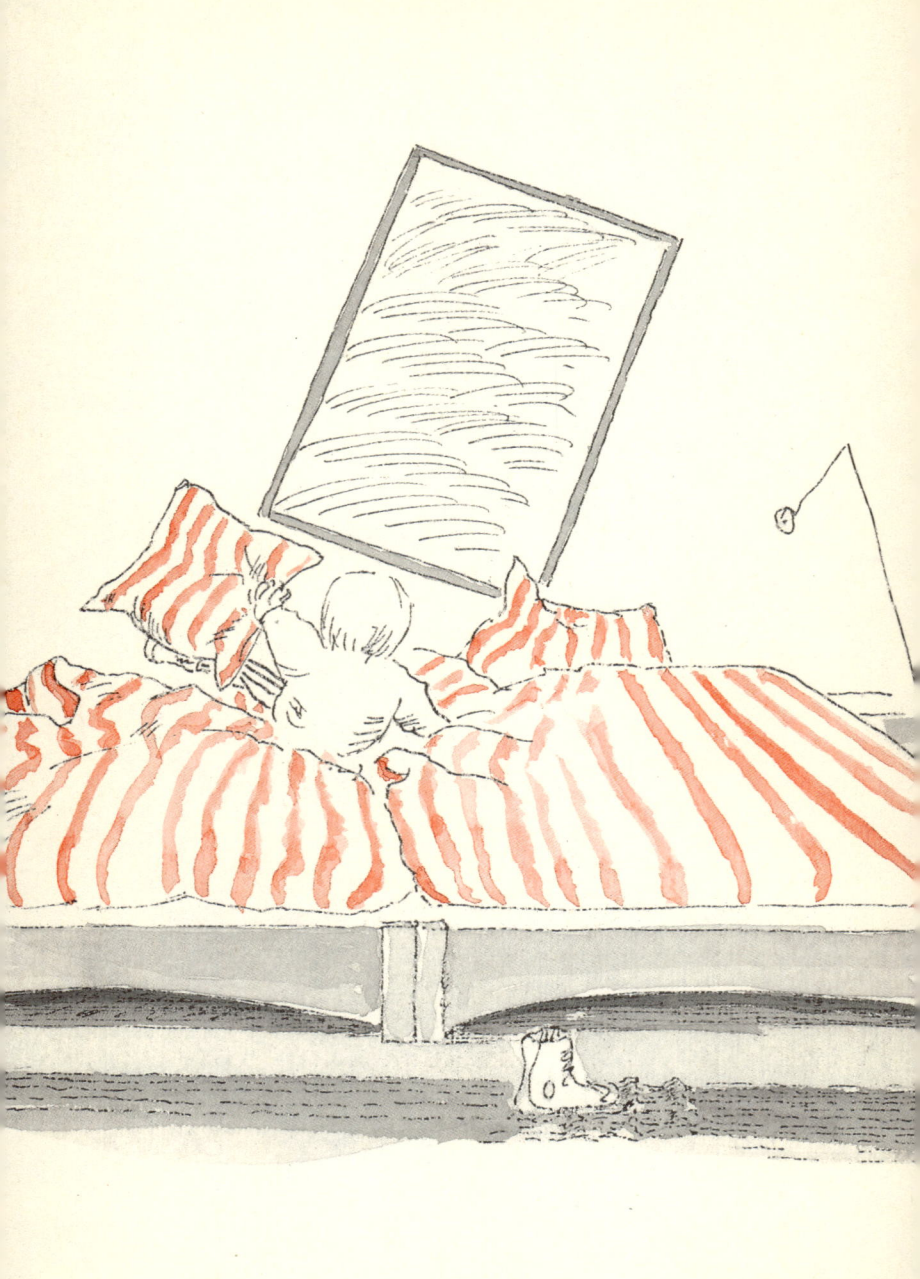

Noch besser als ein Kissen
sind zwei Kissen:
eins zum drauflegen
und eins zum zudecken.

Und noch besser als zwei Kissen

sind drei Kissen:

eins für den Kopf, eins für den Po

und eins für den Bauch.

In seinem Versteck stört ihn keiner,

sieht ihn keiner,

und gemütlich ist es auch.

In seinem Versteck ist es warm, ist es weich,

und er wird schläfrig und zufrieden.

Und während die Mutter ihn sucht ...

... und sucht ...

... und sucht ...

... ist er schon – fast – eingeschlafen.

So fängt ein schlechter Tag ...

... dann doch noch gut an.